Couvertures supérieure et inférieure
manquantes

Henry de FARÉMONT.

HISTOIRE POPULAIRE

D'ARFONS.

CASTRES,

TYPOGRAPHIE DE Vᵉ GRILLON, RUE SABBATERIE.

1864.

HISTOIRE POPULAIRE

D'ARFONS.

L'histoire de notre pays est celle de presque toutes nos affections, et de presque tous nos souvenirs. Le pays est un coin de terre bien pauvre, souvent, mais aimé toujours, où le bon Dieu a attaché notre vie et notre cœur.

Arfons, — Orfons, — est un doux et tranquille village perdu et endormi au sein de montagnes onduleuses, vêtues de forêts, et nommées Montagnes-Noires.

On dirait les vagues reposées d'une mer de collines, et au milieu de ces vagues toutes verdies de bois de chênes, toutes fleuries de genêts jaunes; toutes frissonnantes de moissons; toutes parfumées de fleurs sauvages... ,une île ! un oasis ! un de ces lieux de paix que Dieu n'a fait solitude que pour y cacher le bonheur et la simplicité des hommes.

Je ne sais rien de charmant, de calme, d'heureux, comme ce village étendu dans son berceau de montagnes, et de verdure. Sa tour grise et comme recueillie; ses toits d'ardoise; ses fumées montant; ses grands arbres; ses jardins sur les pentes; ses sentiers bordés de haies vives; ses métairies et ses hameaux entourés de champs verts ou cachés de feuillages; puis, au loin, les forêts ! Enfin, les montagnes aux cimes neigeuses qui arrêtent l'horizon et le ciel. — Tel est Arfons.

Eh bien, mes amis, autrefois ce tranquille village était une ville, une ville grande et populeuse. Mais reculons encore davantage dans le passé : remontons bien haut, bien haut dans les souvenirs des hommes.

Alors la France se nommait Gaule. Les montagnes, les plaines étaient couvertes de forêts. Des peuplades barbares habitaient ces déserts. Ces peuplades étaient féroces. Elles ne se nourrissaient que de la chair des bêtes sauvages. Elles n'aimaient que la guerre. Les hommes étaient vêtus d'une tunique courte. « Leur chevelure était ramenée en avant et teinte d'une liqueur rouge ressemblant à du feu et à du sang. La plupart ne laissaient croître leur barbe qu'au-dessus de la bouche, afin de donner à leurs lèvres plus de ressemblance avec le mufle des dogues et des loups. » Il y avait peu de cités, peu de bourgades. La vie de ces hommes était nomade, c'est-à-dire voyageuse. Ils adoraient au fond des bois des Dieux cruels.

Telles étaient les mœurs de vos premiers pères. Ces montagnes, aujourd'hui couvertes de troupeaux, ces vallées où s'étendent les prairies, où murmurent les eaux; ces coteaux où chaque année renaissent les moissons; ces bois conquis par le travail et le génie de l'homme ;..... Autrefois toute cette contrée était le désert; les hommes n'y habitaient point ; on n'y entendait que le rugissement des bêtes sauvages. De temps à autre, une tribu traversait ces forêts mais ne s'y arrêtait point. Après son passage, tout redevenait solitude et silence.

Au midi, en Italie, était un autre peuple. On le nommait le peuple Romain, parce que sa capitale était Rome. Ce peuple était puissant par ses armées, et renommé pour ses richesses, sa civilisation et ses lois. Presque toute la terre lui était soumise. La Gaule ne lui avait point encore ouvert ses chemins. Cependant le jour vint où nos pères furent vaincus. Les forêts tombèrent, les voies s'ouvrirent, les cités s'élevèrent, et la Gaule — la France — devint Romaine.

On croit que ce fut en ce temps-là qu'une colonie Romaine, attirée par les charmes du site, la fraîcheur et l'abondance des eaux, la proximité des grandes voies qui, alors déjà, traversaient nos montagnes et ralliaient entre eux les postes romains ; on croit, dis-je, que ce fut en ce temps-là — ou peu après, — qu'au lieu même où s'élèvent aujourd'hui vos maisons, l'homme confia à ces solitudes encore inconnues sa première demeure.

Les Romains avaient beaucoup de Dieux. Ils offraient à ces Dieux, au bord des sources, à l'ombre des chênes, des autels de pierre qu'ils leur consacraient. Le Sor, petite rivière qui coule au milieu de vos prairies, fut ainsi consacrée à un de leurs Dieux : *Deo Sor*, au Dieu Sor.

Arfons — alors Orfons — veut dire : bouches de fontaines et peut-être aussi, autels des eaux. Nous ne savons. Dans l'obscurité qui enveloppe ces temps, où trouver la lumière de ces secrets ? Quoi qu'il en soit, l'étymologie également latine dans les deux cas, indique certainement une origine romaine. Les premiers habitants connus de ces montagnes furent donc des Romains. Voyez comme tout change sous le soleil !

Mais les Romains ne devaient point rester possesseurs de la Gaule. La liberté est au cœur des esclaves. Les peuples conquis deviennent les peuples libres ! La Gaule, la France, était un pays immense. Nos pères se nommaient Francs, parce qu'ils portaient la liberté dans leurs cœurs. Ils avaient gardé des rois et des chefs. Leurs armées vaincues n'étaient point détruites. Du fond des vieilles forêts s'éleva un cri de délivrance. Les armées de nouveau se rassemblent... Les Romains sont défaits ; et la liberté, cet ange de la France, étendit enfin ses deux ailes sur la patrie reconquise.

Que devint alors cette petite tribu romaine venue au milieu de vos montagnes ? Nous l'ignorons. Arfons fut-il abandonné ou détruit ? D'autres habitants vinrent-ils occuper les demeures vides ? L'histoire et la légende se taisent.

Ce n'est que beaucoup plus tard, en l'an 1226, que nous retrouvons dans les actes et les chartes le nom du village d'Orfons.

Alors, la terre, les mœurs, les religions étaient bien changées. On n'adorait plus de faux-Dieux. Jésus-Christ avait apporté au monde un culte pur et une religion de douceur. On avait bâti des temples. Les monastères s'élevaient dans les solitudes. Les bourgades étaient devenues des villes. Les persécutions s'étaient calmées : du sang des premiers chrétiens était née une ère de paix, de prospérité et de gloire. La France régénérée et libre étendait sur toute la terre la splendeur de sa civilisation, de ses victoires, de sa richesse, de son génie et de sa religion.

Arfons — Orfons — devient une ville ; une ville populeuse. Au lieu dit de la tour, une commanderie de Templiers s'est élevée ; la ville l'étend autour jusqu'à la vallée. Arrêtez ici votre pensée, mes amis. Ne se passe-t-il rien dans votre cœur qui vous émeut et qui vous trouble? Ne sentez-vous pas que le sol que vous foulez, où sont vos champs et vos demeures, ne sentez-vous pas, dis-je, comme des souvenirs sortir de cette terre remuée par tant de siècles, tant de désastres et tant de gloire, vous parler? Là, marchaient des hommes d'armes, des guerriers. Là, ils sont morts. Là, étaient des maisons somptueuses : que sont-elles devenues? Là, tout retentissait des chants de fête... Ecoutez... Plus rien. Pas même une pierre qui vous dise : j'étais une demeure ; pas même un grain de poussière qui vous dise : j'étais un homme. La mort est venue, elle s'en est allée ! La mort est une voyageuse qui passe et repasse sans cesse à travers les œuvres humaines et les détruit.

Qu'était une ville à l'époque dont nous parlons, et surtout une ville populeuse? Figurez-vous des maisons hautes, étroites et sombres, à charpentes extérieures, ornées de sculptures, soutenues par des piliers massifs ; des rues creuses, rétrécies, un interminable zig-zag de pignons ; des toits hauts et dentelés. Autour de la ville une enceinte de murailles et de tours ; — ordinairement un fossé profond. Au centre, un donjon ou château-fort. Toutes les villes étaient ainsi.

Je vous ai dit, que, non loin de la ville, au lieu dit de

la Tour, s'élevait une commanderie de Templiers. Peut-être, ignorez-vous ce qu'était qu'une commanderie de Templiers? Vous savez, qu'après la mort de Jésus-Christ, Jérusalem qui avait été la demeure de l'Homme-Dieu, et qui gardait son tombeau, fut livrée à toutes sortes de guerres et de calamités; plusieurs fois détruite, plusieurs fois rebâtie, les Musulmans — adorateurs de Mahomet — s'en emparèrent enfin, et y fondèrent le siége d'une de leurs dominations. Les Musulmans étaient ennemis du Christ. Ils chassèrent donc les chrétiens de Jérusalem et des pays d'alentour. Ce fut alors, que les nations d'occident — déjà toutes chrétiennes, — s'unirent et levèrent des armées. Des rois se mirent à leur tête, et on partit pour conquérir Jérusalem : Ces guerres s'appelèrent *Croisades*. Ce fut pendant ces croisades que se forma l'ordre des Templiers. Les Templiers étaient des hommes à la fois guerriers et religieux, faisant vœu de combattre pour la délivrance de Jérusalem et du tombeau de Jésus-Christ. Plusieurs restaient en Terre-Sainte; d'autres avaient en Europe des demeures plus paisibles. Les Templiers se vouaient comme les prêtres au célibat, ils avaient beaucoup de possessions et de grandes richesses. — Ils étaient ordinairement les seigneurs et les maîtres du pays où ils avaient étab'is leurs pieuses et guerrières demeures. Ils donnaient hospitalité aux voyageurs, aux pélerins, aux malades, aux pauvres. Des croix, — nommées croix de sauvement, et servant de bornes, — entouraient les bois, les montagnes, les vallées qu'ils possédaient. Ces croix les défendaient de toute rapine et de toute violence. L'hospitalité qu'ils exerçaient était noble et franche. Un pélerin, un voyageur, un malade, un pauvre, trouvaient toujours en leur demeure aide et sécurité.

Tels étaient les Templiers : moitié moines et moitié soldats. Telles étaient leurs commanderies : moitié forteresses et moitié couvents; telles étaient les mœurs de ces temps étranges livrés à des passions de gloire, à des croyances ardentes, mais aussi à des coutumes de violences et aux ignorances d'un passé encore à demi-barbare.

Que devez-vous penser de ces temps? — Vous devez penser que Dieu ne développe et n'éclaire que lentement les peuples ; qu'il y a dans la vie des sociétés, comme dans celle des hommes, des jours d'enfance. Avant que l'enfant soit un homme, il a passé par beaucoup d'âges, par beaucoup d'ignorances, par beaucoup d'épreuves. Il ne pense plus aujourd'hui ce qu'il pensait hier. Il ne fera plus demain ce qu'il fait aujourd'hui. Il en est de même des peuples. Avant d'arriver à leur civilisation, à leur maturité, à leur âge de peuple enfin, ils passent par les crises de l'âge ; ils se forment et se transforment lentement ; — et comme eux, vivent des siècles, et que vous, vous ne vivez que des années ; il leur faut des siècles pour arriver à leur âge de lumière et de force, comme il vous faut, à vous, des années pour arriver au vôtre.

Vous réfléchirez donc ainsi : mes premiers pères étaient des hommes barbares, qui vivaient au fond des forêts ; qui se nourissaient d'herbes et de bêtes sauvages ; qui ne bâtissaient point de villes ; qui n'avaient pour s'abriter que des cabanes de terre et de feuillages ; qui adoraient des Dieux cruels ; qui ne songeaient qu'à la guerre et au carnage ; — Ainsi étaient mes premiers pères.

. . . . . Puis, Jésus, Jésus-Christ, le fils de Dieu vint sur la terre ; il y apporta une lumière qui n'avait point encore brillé ; une loi de douceur que nul ne connaissait. Le monde changea. On s'aima, on aima même ses ennemis ; une paix divine descendit sur la terre. — Puis, vous réfléchirez encore : — L'homme oublia peu à peu les lois de Jésus-Christ ; il y mêla celles du passé ; le monde reprit ses inimitiés, ses haines, la lumière disparût, — l'ombre s'étendit, et avec elle, tous les crimes et tous les malheurs.

Un jour, le soleil se leva sanglant. Il monta au-dessus des hauteurs un bruit confus et immense. — les grandes forêts se turent et écoutèrent comme elles font aux approches des orages. La guerre ! la guerre ! la guerre ! — La guerre était à Toulouse, à Béziers, à Carcassonne, la montagne était comme entourée de la guerre. La guerre allait monter. Ecoutez : Un homme est arrivé des hauteurs, il a vu des armées nombreuses... elles viennent ! A cette nouvelle, les hommes s'assemblent, les femmes effrayées, leurs enfants pleurant dans leurs bras, se jettent aux genoux de leurs pères, de leurs frères, de leurs époux et veulent les retenir. La voix des chefs commande. On entend le bruit des armes, le hennissement des chevaux. On va à l'ennemi.

Les armées s'approchent; elles se heurtent, elles se mêlent; un combat horrible s'engage : corps contre corps..... Le glaive s'abat et se relève, le sang coule; l'écho répète les gémissements et les cris, puis, peu à peu, le bruit de la bataille diminue..... La mort est repue ! — L'armée victorieuse se jette alors dans la ville; les femmes, les enfants, les vieillards sont massacrés; les maisons pillées...... Que vois-je? quelles sont ces flammes qui s'élèvent ! une fumée épaisse s'étend et monte jusqu'aux cieux! la flamme la suit. Ici, quelques femmes, de pauvres petits enfants implorent les soldats, les soldats les repoussent... — l'incendie augmente... le feu les atteint, on entend leurs cris... puis tout se tait ! les maisons s'embrasent, chancellent et s'écroulent. — Au loin, l'armée victorieuse s'est assemblée et elle contemple son ouvrage. Tout est fini ! Tout à l'heure, une ville s'étendait dans ce vallon : il n'y a plus que des ruines. Tout à l'heure un peuple nombreux habitait cette ville : il n'y a plus que des morts.

O mes amis, telle est l'histoire de votre pays, de vos montagnes et de votre ville. Vous ne saviez pas peut-être qui avait ainsi détruit cette cité dont parlent vos vieilles histoires, et dont tous vous avez gardé le populaire souvenir. — C'est la guerre! — une guerre horrible! — une guerre impie ! — Oui, vous aviez une grande ville. Eh bien, quand la guerre passa sur elle, il ne resta pas pierre sur pierre de votre ville. L'incendie détruisit vos maisons, — le glaive vos familles.

Qu'était cette guerre? — Je veux vous en laisser jusqu'au fond de la mémoire l'épouvantable souvenir. Je veux que vous en trembliez d'horreur, et que vos enfants en emportent pour l'avenir une crainte salutaire.

Cette guerre s'appelait : Guerre de Religion. Comme si

notre religion qui est toute douceur et toute charité ordonnait la guerre aux hommes ! — Toute guerre religieuse est une guerre sacrilège parce qu'elle viole la première loi de Dieu qui nous commande à tous de nous pardonner et de nous aimer.

Vous dire toutes les horreurs, toutes les cruautés de cette guerre, je ne le pourrais. Ecoutez cependant : « — Béziers fut emporté d'assaut. Là, se fist le plus grand massacre qui se fut jamais fait dans le monde entier, car on n'épargna ni vieux ni jeunes, pas même les enfants qui testaient on les tuait et faisait mourir. Voyant cela, ceux de la ville se retirèrent, ceux qui le purent, tant hommes que femmes dans la grande église de St-Nazaire, les prestres de cette église devaient faire teinter les cloches quand tout le monde serait mort, mais il n'y eût son de cloches, car ni prestre vêtu de ses habits, ni clerc ne resta en vie.

« La prise de Carcassonne suivit de près celle de Béziers. Les habitants se rendirent, et eurent la vie sauve. La ville fut abandonnée au pillage de dessein prémédité.

« Toulouse, dont toutes les maisons étaient fortifiées est prise et reprise ; inondée de sang, et à moitié brûlée. »

Ce fut sans doute alors, que la guerre traversa vos montagnes. — Cherchez aujourd'hui à travers vos champs les ruines de cette ville si florissante et si populeuse autrefois, pas une trace, pas une pierre ! Et qui a pu détruire ainsi une ville ? — La fureur des hommes.

Ah ! que ces temps sont tristes ! et que le cœur se serre à leur souvenir ! Qu'ils ne reviennent jamais ! Que la charité soit entre tous les enfants du Christ et les unisse dans une même famille et un même amour.

Mais pourquoi, — me demandez-vous, — pourquoi cette guerre ? — Je vais vous le dire : — Une hérésie s'était élevée dans l'église, une secte, une foi nouvelle ; des hommes qui croyaient des choses que n'enseignait point l'église s'étaient, eux aussi, assemblés en église et enseignaient ce qu'ils croyaient. Raymond, comte de Toulouse les protégeait.

Alors que fut-il résolu? Que fit-on? Les catholiques s'effrayèrent, ils ne comprirent pas que la vérité chrétienne ne se défend point par le glaive; ils levèrent une armée, prêchèrent une croisade; choisirent Simon de Montfort pour leur général, et se ruèrent sur les hérétiques. — Ce ne fut plus qu'incendies, carnage et mort. Et cependant tous ces hommes étaient chrétiens, ils adoraient le même Christ et le même Dieu. Ils étaient du même pays et du même peuple. Ils portaient des croix sur leur poitrine... et ces croix étaient muettes! et elles ne leur disaient point : — Arrêtez-vous! pardonnez-vous! aimez-vous!

Mes amis, l'histoire de ces temps est lugubre; mais elle contient des enseignements graves que vous devez connaître. Voyez d'abord ce que fait la guerre civile : elle détruit les cités, elle dévaste les campagnes ; elle divise les familles; elle laisse jusque dans un avenir reculé le souvenir et le levain de haines qui peuvent encore remuer les passions violentes, et soulever les hommes ; elle couvre le pays de désolations et de ruines, dont jamais l'avenir ne se relève, dont jamais le cœur ne se console.

Voyez maintenant ce que fait la guerre religieuse : elle divise pour toujours la foi, elle fait de ceux-ci des forts et de ceux-là des faibles, elle demande à la violence la victoire de Dieu, elle fait la guerre aux âmes, non avec la charité, mais avec l'oppression, elle torture au nom d'une vérité qui est amour, et d'un Christ qui est miséricorde. Qu'advient-il? — C'est que l'idée vraie de Dieu se corrompt dans les âmes; et qu'à des heures de malheur il s'élève sur les pays des schismes qui entraînent la moitié des peuples.

Mes amis, ne demandez jamais la guerre civile, car elle est la division d'un peuple dans son corps ; — ne demandez jamais la guerre religieuse, car elle est la division d'un peuple dans son âme.

Aujourd'hui quand des passions de haine conseillent encore votre cœur, regardez ce pays qui est le vôtre ; ces champs où était votre ville ; ces lieux où la mort a laissé tant d'enseignements et tant de souvenirs ; et dites-vous : La prospérité n'est point dans la guerre mais dans la paix et l'amour — mes amis, c'est aussi dans l'amour qu'est la vérité, la religion, la sagesse et Dieu.

Voyez les restes de vos haines et de vos guerres ? L'hérésie a-t-elle été détruite ? les passions sont-elles étouffées ? N'y a-t-il point encore parmi vous plusieurs partis et plusieurs croyances ? c'est que la mort ne tue point l'âme, voyez-vous, et que les âmes ressuscitent des âmes ! Vous comprenez enfin que pour être heureux, pour être forts, pour être un grand pays, un grand peuple, une grande religion, il faut vous aimer tous les uns les autres.

Plus de haines de partis. — Nous sommes tous frères, nous voulons tous le même bien, nous aimons tous le même pays. Plus de haines de religion ! Nous sommes tous au même Dieu ; nous avons tous les mêmes devoirs ; nous attendons tous la même récompense : ayons tous la même charité, le même amour.

Défiez-vous de ceux qui vous divisent. Aimez ceux qui vous unissent ; il y en a parmi vous qui ne croient pas ce que vous croyez ; qui sont nés dans une autre foi ; qui pratiquent un autre culte : ne les méprisez point. Montrez-leur, puisque vous avez la meilleure religion, que vous avez la plus grande charité.

A quelle époque arrivèrent ces calamités, ces désastres ? Il y a plus de six cents ans. — Bien des siècles sur bien des ruines ! — Cependant, la tourmente éloignée, les passions apaisées, Arfons va rappeler ses enfants dispersés, et redevenir encore une fois une ville.

Mes amis, ne vous semble-t-il pas, qu'un de ces rêves qu'apporte un sommeil troublé a passé devant vos yeux. C'est que vous voyez dans un éclair ce que Dieu a fait dans des siècles. — Cette histoire est la vôtre, mais le rêve n'est point fini..... Voyez, voyez bien loin, comme à travers l'ombre. Cette ville nouvelle, qui l'a élevée? qui l'a ressuscitée? Regardez bien..... C'est bien une ville !..... Ce sont bien les mêmes montagnes et les mêmes forêts..... Qui est revenu? Qui a ranimé ces ruines? Qui a dit à cette terre dévastée : « réjouis-toi, voilà la vie? » — Vos pères !

Mais pourquoi vos pères revenaient-ils en ces lieux saccagés par la guerre? Pourquoi cette dévastation de la patrie les rappelait-elle au lieu de les éloigner? Que venaient-ils chercher dans ces décombres, dans ces douleurs? N'était-il point par delà ces vallées et ces montagnes des lieux de paix? Pourquoi revenir demander les prospérités de l'avenir aux malheurs du passé? Mes amis, votre cœur m'a répondu : c'est que l'homme aime son pays, et il n'est point nécessaire que ce pays lui rappelle la joie de ses pères; il s'y attache aussi par les douleurs. — Voilà pourquoi Arfons redevint une ville.

Mes amis, supposons que des temps malheureux s'approchent; qu'une guerre divise de nouveau les hommes; détruise vos villes et vos villages; ravage vos campagnes, vous disperse et vous chasse du pays..... Cette guerre finie, ces calamités passées, la paix revenue sur la terre, ne penseriez-vous pas : — « J'avais une maison, un champ. « Je sens que j'ai laissé là mon cœur » — Et vous iriez, n'est-il pas vrai, retrouver votre maison et votre champ? Et si votre maison était détruite, votre champ dévasté, vous y retrouveriez encore votre cœur. Alors, vous rebâtiriez votre maison, vous redonneriez vos sueurs à votre champ, et la fertilité lui reviendrait, et en vous serait le bonheur de la patrie. Voilà pourquoi vos pères sont revenus. Vous, comme eux, vous reviendriez.

Aussi, Arfons a repris sa splendeur passée. Les Templiers sont de retour; une commanderie nouvelle se construit; les ruines apportent leurs pierres aux nouvelles demeures; les champs fertilisés par le sang se revêtent de moissons. La paix est revenue. Les vieillards racontent aux enfants les souvenirs du passé : que le repos est bon après la fatigue! la patrie après l'exil! Qu'ils devaient être heureux vos pères de retrouver après tant d'épreuves, tant de guerres, le calme du foyer domestique et le bonheur du pays si longtemps perdu !

Combien de temps dura cette prospérité nouvelle sur la demeure de vos pères ? Hélas ! regardez dans le ciel, tantôt le soleil et tantôt les nues ; regardez dans la nature : tantôt la chaleur et tantôt le froid; aujourd'hui le printemps. demain l'hiver. Regardez dans votre cœur : tantôt la joie, tantôt la peine ! Regardez partout : tantôt la vie,... tantôt la mort !

A peine votre ville s'était-elle relevée ; à peine le Midi, cette belle contrée du soleil, s'était-il consolé de ses longs malheurs ;... à peine les religions s'étaient-elles pardonnées, que la guerre, cette éternelle gloire et cette éternelle calamité des peuples, allait revenir. Elle accourait du Nord victorieuse et sanglante, elle s'abattait sur toute la France, mais cette fois c'était l'étranger, c'était l'ennemi, c'était l'Anglais.

Pourquoi est-il dans le fond de votre cœur comme une haine contre l'Anglais ? D'où vous vient cette haine ? Vous, si loin de ce peuple ? — Le savez-vous ? — Le voici : C'est que l'Anglais est venu dans ce pays; qu'il y a apporté l'incendie, le pillage et la mort. C'est que la France a baissé son front de reine devant lui ! C'est que le sang de vos pères a coulé, et ce sang est le vôtre ! Oui, mes amis, l'Anglais fut un moment le maître de presque toute la France...... Les armées traversèrent vos montagnes et campèrent dans vos vallées ; partout ce n'était que massacres. Un peuple ne cède sa liberté qu'en mourant ! Ainsi vos pères moururent. On se battit aux mêmes lieux que vous nommez encore aujourd'hui le lieu du massacre et à la carrière des morts. L'Anglais entra dans vos murs, pilla et incendia vos maisons, ne laissa pas pierre sur pierre de votre ville, et puis reprit à travers la France sa route sanglante. La guerre ! Ah! plaignez les pays où passe la guerre !

Ainsi, vous avez trois grandes époques dans la vie de vos pères, comme dans l'histoire de votre village : votre origine Romaine ; la guerre des Albigeois ; la conquête Anglaise.

Beaucoup vous diront que la guerre est une chose glorieuse ; qu'elle est la puissance d'un peuple et la grandeur d'un pays. — C'est possible, mais elle en est aussi le malheur. Js ne sais pas uue gloire qui puisse compenser pour un homme, comme pour un peuple ce que nous nommons le malheur ! Je ne sais pas comment Dieu juge la cause des peuples ; mais je sais qu'il maudit leurs haines, et que toutes les guerres, même après avoir apporté de grandes victoires, laissent au pays de grands fléaux.

Voyez aujourd'hui, parmi vous, quand une menace de guerre est dans l'air…, comme toutes les familles s'effraient, comme toutes les mères tremblent ! Comme le village entier s'attriste. Ah ! c'est que l'enfant, le frère, l'ami qui va à la guerre, nul ne sait s'il reviendra ; nul ne sait non plus si la guerre ne viendra pas ! La guerre, c'est la mort ! O mes amis, voyez ce que fait la mort chaque jour au milieu de vous : n'est-ce pas le malheur ?

Et puis, ne pensez-vous pas que la guerre est une grande honte pour l'humanité, pour des peuples chrétiens ! Puisque le bon Dieu nous a ordonné à tous de nous aimer, de nous supporter, de nous pardonner, ne l'a-t-il point aussi ordonné aux peuples ? Quand donc arriverons-nous à des temps plus heureux : temps où il n'y aura plus de discordes parmi les hommes et plus de guerres parmi les peuples.

Que vous est-il resté de tous ces désastres ? Quelques pans de murs écroulés et une Vierge. Une petite Vierge que vous avez placée à l'angle d'une de vos rues, seul témoin de vos malheurs, seule gardienne de vos souvenirs ; quelques traditions pieuses ou légendes : c'est tout. — Voilà ce qu'a fait la guerre. . . . .
. . . .

Je vous ai raconté l'histoire du passé, entretenons-nous maintenant un peu de l'avenir. — L'avenir ! que c'est une grande chose l'avenir ? — « Avec quoi, demain sera-t-il fait ? » — Demain, mes amis, demain sera fait avec aujourd'hui. C'est le passé qui fait le présent, c'est le présent qui fait l'avenir. Vous avez appris du passé que toutes divisions, toutes guerres, toutes haines étaient mauvaises. Soyez donc unis. N'ayez point de partis, point de rivalités. Supportez-vous les uns les autres ; vous êtes tous frères, et devant Dieu tous égaux. Ne méprisez point, ne haïssez point votre frère, parce qu'il a une idée, une croyance autres que les vôtres. Soyez charitables pour les autres afin que l'on soit charitable pour vous, — car, tous nous avons besoin de charité — et de ce présent mes amis, viendra l'avenir, et combien l'avenir sera encore meilleur !

Qui sait ? Peut-être ce village si modeste, si tranquille aujourd'hui, redeviendra-t-il une ville. Ce pays est digne de grandes œuvres. Ces montagnes ont une gloire passée qu'un souffle peut ressusciter. — Ses populations laborieuses, les trésors de sa nature, les charmes de ses sites, l'abondance de ses cours d'eau, son éloignement des villes, sont un gage d'avenir.

Je termine. — J'ai été heureux de parler d'un pays que j'aime, et je vous consacre ces pages à vous, habitants d'Arfons, afin que vous appreniez à vos enfants les gloires et les malheurs du passé, et aussi les devoirs et les espérances de l'avenir.

FIN.